BEI GRIN MACHT SICH IHR WISSEN BEZAHLT

- Wir veröffentlichen Ihre Hausarbeit,
  Bachelor- und Masterarbeit

- Ihr eigenes eBook und Buch -
  weltweit in allen wichtigen Shops

- Verdienen Sie an jedem Verkauf

Jetzt bei www.GRIN.com hochladen
und kostenlos publizieren

Ricarda Paas

Johannes Calvin und die Täufer

GRIN Verlag

Bibliografische Information der Deutschen Nationalbibliothek:

Die Deutsche Bibliothek verzeichnet diese Publikation in der Deutschen National-
bibliografie; detaillierte bibliografische Daten sind im Internet über http://dnb.d-
nb.de/ abrufbar.

Impressum:

Copyright © 2005 GRIN Verlag GmbH
Druck und Bindung: Books on Demand GmbH, Norderstedt Germany
ISBN: 978-3-640-12688-0

GRIN - Your knowledge has value

Der GRIN Verlag publiziert seit 1998 wissenschaftliche Arbeiten von Studenten, Hochschullehrern und anderen Akademikern als eBook und gedrucktes Buch. Die Verlagswebsite www.grin.com ist die ideale Plattform zur Veröffentlichung von Hausarbeiten, Abschlussarbeiten, wissenschaftlichen Aufsätzen, Dissertationen und Fachbüchern.

J. Calvin, Institutio religionis christianae

KG-Seminar

Sommersemester 2005

<u>Ausgearbeitetes Referat:</u>

<u>Johannes Calvin und die Täufer</u>

Ricarda Paas

6. Semester

Inhaltsverzeichnis

1 Generelle Informationen

1.1 Die Täuferbewegung

Unter den Täufern, auch Anabaptisten oder Wiedertäufer genannt, werden verschiedene religiöse Gruppierungen zusammengefasst, deren Anhänger die Erwachsenentaufe vollzogen. Ihre Bewegung entstand während der Reformation in Europa, insbesondere in Deutschland, den Niederlanden und der Schweiz. Mit ihren teilweise radikalen Ansichten hinsichtlich wesentlicher Aspekte des christlichen Glaubens grenzten sie sich deutlich von Lutheranern und Calvinisten ab.[1] Im April 1534 gelang einem extremen Flügel der Täuferbewegung die Einnahme der Stadt Münster und die Errichtung einer Theokratie. Während dieser Zeit wurden Nicht-Anhänger und Kritiker der Wiedertäufer radikal verfolgt. Erst im Juni 1535 konnte die Schreckensherrschaft beendet werden, ihre drei Anführer wurden gefangen genommen und im Januar 1536 zum Tode verurteilt. Eine derart extreme Form des Täufertums blieb zwar eine Seltenheit, generell aber erregten ihre Anhänger immer wieder Aufsehen, weil sie die Rechtmäßigkeit kirchlicher und weltlicher Obrigkeit leugneten. Oftmals der Ketzerei bezichtigt, wurden sie verfolgt und im Extremfall auch zum Tode verurteilt.[2]

1.2 Calvins Kontakt zu den Täufern

Während seiner Studienjahre hat Calvin vermutlich noch keinen direkten Kontakt zu Täufern, da sie sich in Frankreich zu dieser Zeit nicht so stark verbreitet sind, wie in anderen europäischen Ländern. Er muss aber bereits über die neue Bewegung radikaler Reformatoren, zu denen auch die Täufer zählen, informiert gewesen sein, denn in seiner ersten theologischen Abhandlung „Psychopannychia", die er 1534 in Orléans schreibt, wehrt er sich gegen die von ihnen verbreitete Lehre des Seelenschlafes.[3] Kurz darauf, bedingt durch seine Flucht aus Frankreich und Aufenthalten in Straßburg und Basel, knüpft Calvin erste Kontakte zu den dortigen Reformatoren, die im Kampf gegen die Täufer engagiert sind. Auf diesem Wege lernt er deren Ansichten und Thesen umfassend kennen, wie bereits aus seiner ersten Fassung der Institutio (1536) ersichtlich wird.[4]

---

[1] Vgl. Artikel „Täufer" in EKL, Sp.682f.
[2] Vgl. ebd., Sp.683f.
[3] Näheres hierzu in Kap.3.7 dieser Arbeit.
[4] Vgl. Balke [1985], S.10-14.

2 Das Sakrament der Taufe

2.1 Der dreifache Dienst der Taufe

In der Institutio von 1543 betont Calvin einen „dreifachen Dienst"[5] der Taufe an unserem Glauben:

1.: Sündenvergebung

Die Vergebung unserer Sünden bezieht sich nicht nur auf vergangene, sondern mit der Taufe werden wir „für unser ganzes Leben abgewaschen und gereinigt"[6].

2.: Teilhaftigkeit an Jesu Tod

Mit der Taufe werden wir in Jesu Tod hineingenommen. Wir erfahren „die Wirkkraft des Todes Christi"[7] in uns durch die Abtötung unseres Fleisches und gleichzeitig Christi Auferstehung durch unsere geistliche Erneuerung mit Hilfe des Heiligen Geistes.

3.: Einung mit Christus

Wir sind nicht nur an Christi Tod und Auferstehung teilhaftig, sondern werden auch „aller seiner Güter"[8] teilhaftig und stehen somit wie er in der Gotteskindschaft. Die Erfüllung der Taufe liegt letztendlich in Christus: „Denn alles, was uns in der Taufe an Gaben Gottes vorgelegt wird, das kann man allein in Christus finden."[9]

2.2 Ablehnung der Nottaufe

Calvin lehnt die Nottaufe als abergläubischen Brauch der römischen Kirche ab. Er wehrt sich gegen die verbreitete Überzeugung, dass ein Ungetaufter nach seinem Tode verdammt sei und misst dem Vollzug der Taufe keine heilsnotwendige Bedeutung bei. Vielmehr ist für ihn die, durch die Taufe bezeichnete, Verheißung Gottes, dass er uns als seine Kinder annimmt, „aus sich selbst heraus stark genug [...], ihre Wirkung zu zeitigen!"[10] Das Sakrament der Taufe wirkt demnach (ledig-

---

[5] Institutio nach Weber [1963], S.898.
[6] Ebd., S.899.
[7] Ebd., S.900.
[8] Ebd..
[9] Ebd., S.901.
[10] Ebd., S.910.

lich) „wie ein Siegel hinterher"[11], das der Verheißung Gottes nicht erst Geltung verschafft, sondern sie ausschließlich bekräftigt.

Hinzu kommt bei der Nottaufe für Calvin das Problem des Amtes, denn „die Ausübung der Taufe ist [...] ein Teil des kirchlichen Amtes"[12] und darf daher seiner Ansicht nach nicht von amtslosen Personen, erst recht nicht von Frauen, ausgeübt werden.

2.3 Die Kindertaufe: Größter Streitpunkt mit den Täufern

Der Kern der Auseinandersetzung liegt in der Frage, ob die Kindertaufe biblisch legitimiert ist oder nicht, da sie an keiner Stelle ausdrücklich erwähnt bzw. autorisiert wird.

2.3.1 Die Position der Täufer

Die Täufer lehnen die Kindertaufe ausdrücklich ab und qualifizieren sie als „eine Neuerung, die aus der Untreue des Papsttums gegen das Evangelium entstanden ist."[13] ab. Sie begründen ihre Position mit der Nichterwähnung der Kindertaufe in der Bibel und berufen sich auf den Missions- und Taufbefehl Jesu (Matthäus 28,19f; Markus 16,15f), nach dem die Unterweisung der Taufe vorangehen muss. Für sie spricht die Kindertaufe gegen das Evangelium, denn „nur solche, die in der christlichen Wahrheit unterwiesen sind, die sich zu Christus bekehren, [...] sind imstande, das Zeichen des Mitsterbens und Miterauferstehens mit Christus in der hl. Taufe zu empfangen [...]."[14]. Und da Kinder eine solche Glaubensentscheidung nicht treffen können, so ihre Argumentation, dürfen sie auch die Taufe noch nicht empfangen.

2.3.2 Beschneidung und Taufe als Zeichen derselben Verheißung

Calvin hingegen befürwortet die Kindertaufe ausdrücklich und wehrt sich vehement gegen ihre Infragestellung oder gar Ablehnung. Im Bezug auf den Missionsbefehl Jesu an seine Jünger meint er, dass sich dieser auf alle, die noch nicht zur christlichen Gemeinschaft gehören, beziehe und in solchen Fällen selbstverständlich die Taufe erst nach einer Unterweisung empfangen werden dürfe. Allerdings müsse doch unterschieden werden zwischen diesen Außenstehenden (z.B. Juden

---

[11] Institutio nach Weber [1963], S.912.
[12] Ebd., S.910.
[13] Balke [1985], S.168.
[14] Ebd..

und Heiden) und den Kindern der Gläubigen, die bereits dem Gnadenbund Gottes angehören. Calvin verteidigt die Rechtmäßigkeit der Kindertaufe für diese Gruppe und beruft sich dabei auf den Bundesschluss Gottes mit Abraham im Alten Testament (Gen 17,7). Entscheidend sei hierbei, dass Gottes Heilszusage die Nachkommenschaft Abrahams einschloss und er als Zeichen dieser Zusage die Beschneidung im Kindesalter forderte. Calvin stellt nun den Bezug zum Neuen Testament her und führt aus, dass dieser alte Bund weiterhin Bestand habe, inhaltlich gleich geblieben sei, sich jetzt allerdings nicht mehr an das Volk Israel richte, sondern an die Christen und als Zeichen anstelle der Beschneidung die Taufe getreten sei. Bei Wendel heißt es hierzu: „Taufe und Beschneidung enthalten also dieselben Verheißungen; ihr Unterschied besteht einzig in der „äußerlichen Zeremonie"[15] "[16]

2.3.3 Stellvertretender Glaube bei der Kindertaufe

Dem Argument der Täufer, dass Kinder wegen ihrer Unreife im Glauben nicht getauft werden dürften, setzt Calvin entgegen, dass die Kinder der Gläubigen aufgrund der Lehre getauft würden, die ihre Eltern empfangen haben. In der Institutio heißt es hierzu: „Denn das Zeichen Gottes, das einem jungen Knaben gegeben wird, bekräftigt wie ein aufgedrücktes Siegel die Verheißung die dem frommen Vater oder der frommen Mutter gegeben ist [...]"[17].

2.3.4 Vorwurf an die Leugner der Kindertaufe

Calvin erhob schwerwiegende Vorwürfe gegen alle Kritiker der Kindertaufe, abschließend hierzu ein Zitat von Willem Balke:

„Wer die Kindertaufe auflöst, leugnet den Primat der Gnade in der Hl. Taufe und Jesus und löst das Neue Testament vom Alten. Er zerbricht die Einheit des Bundes und scheidet unerlaubt die Gemeinde Christi vom Volk Gottes im Alten Bund, [...] er verliert damit die Kontinuität der Erwählung und Verheißung Gottes. Er öffnet dadurch, daß er die Einheit der Schrift preisgibt, dem Individualismus, der Geisttreiberei und Schwärmerei die Tür."[18]

---

[15] Institutio nach Weber [1963], S.916.
[16] Wendel [1968], S.288.
[17] Institutio nach Weber [1963], S.919.
[18] Balke [1985], S.173.

3 Weitere Konfliktpunkte mit den Täufern

3.1 Sinn und Zweck der Kirchenzucht

Calvin stimmt mit den Täufern überein, dass eine rechte Zucht innerhalb der Kirche nötig und legitimiert sei. Was ihren Zweck und der Bedeutung, die ihr beigemessen werden soll, betrifft, so vertritt er jedoch andere Ansichten als die Täufer. Calvin verbindet mit der Zucht drei wesentliche Funktionen: Sie dient erstens dem Schutz Jesu Christi vor Lästerung und Entehrung, zweitens soll sie bewirken, dass der Betroffene sich seiner Sünden schämt und umkehrt, und drittens zur Bewahrung der Guten vor sündigen Menschen. Im Gegensatz zu den Täufern will Calvin jedoch nicht mit Hilfe der Zucht eine absolut reine, sündenfreie Kirche erzielen. Dies könne seiner Ansicht nach auch gar nicht von Menschen erreicht werden, sondern immer nur eine Annäherung an einen solchen Zustand. Als Argumentationshilfe dient ihm hierbei das Gleichnis vom „Unkraut im Weizen" (Matthäus 13, 24-30). Er interpretiert es in der Weise, dass zu allen Zeiten Gutes und Böses miteinander vermischt sei und nur Gott es zukäme, am Ende aller Tage >>das Unkraut vom Weizen<< zu trennen. Für ihn liegt der Irrtum der Täufer darin, dass sie der Überzeugung sind, durch eine gründlich ausgeübte Zucht eine wahrhaft reine Kirche errichten zu können. Aus diesem Grunde würden sie der Zucht auch eine viel zu große Bedeutung beimessen, sprachen sie doch Gemeinden, die diese nicht streng genug ausübten, ihre Eigenschaft als Kirche ab. Nach Ansicht Calvins sei es zwar bedauerlich, wenn die Ausübung der Zucht in einer Gemeinde vernachlässigt werde, deshalb verliere sie aber noch nicht ihre Eigenschaft als Kirche. Er stützt sich hierbei auf die Haltung Paulus´ zu den Unregelmäßigkeiten in den Gemeinden von Korinth und Galatien. [19]

3.2 Separatismusvorwurf

Für Calvin stellt Jesus Christus die alleinige Autorität und Richtschnur innerhalb der Kirche dar. Wichtigste Aufgabe der Kirche sei es, für die Wahrheit Gottes einzutreten und diese auch gegen Anfeindungen zu verteidigen. Menschen, die sich seiner Meinung nach von dieser Wahrheit und somit auch von Christus entfernen, bezeichnet er als separatistisch und wirft ihnen vor, die Einheit des Glaubens zu zerbrechen und die Ehre Christi zu mindern. Mit dieser Argumentation

---

[19] Vgl. Balke [1985], S.174-178.

weist er einerseits den Separatismusvorwurf der römischen Kirche ihm gegenüber zurück und bezeichnet im Umkehrzug die römische Kirche selbst als separatistisch, weil sie sich schon längst von der Wahrheit Gottes entfernt habe. Aus dem gleichen Grunde bezichtigt er die Täufer des Separatismus. Fatal ist für ihn ihre radikale Ansicht, dass jeglicher Umgang mit sündigen Menschen einen selbst verunreinigen würde und man sich daher rigoros von solchen Einflüssen fernhalten müsse. Er wirft ihnen vor, dass bei ihnen nicht mehr die Reinheit der Lehre, sondern die Reinheit des Bekenners im Mittelpunkt stünde. Im Gegensatz zu den Täufern ist für ihn diese Reinheit nicht dadurch gefährdet, dass sich diejenigen, die sie ausführen bzw. empfangen, in einem sündigen Zustand befinden.[20]

3.3 Der perfektionistische Anspruch der Täufer

Ein zentrales Moment der täuferischen Lehre stellt das unbedingte Streben und Erlangen eines vollkommen reinen, >>engelhaften<< Leben dar. Die Täufer sind der Überzeugung, dass dem Menschen mit der Reinigung und Wiedergeburt in der Taufe die Kraft verliehen werde, ein Leben im völligen Gehorsam des Evangeliums führen zu können. Calvin widerspricht dieser Lehre ausdrücklich und argumentiert auch hier wieder christuszentriert: Allein in Jesus Christus wurde die vollkommene Gerechtigkeit aus göttlicher Gnade verwirklicht, er stelle damit einen qualitativen Unterschied zu allen anderen Menschen dar. Wir hingegen könnten uns dieser Vollkommenheit nur annähern und sollten nach ihr streben, doch die endgültige Heiligung unseres Lebens obliege einzig der Barmherzigkeit Gottes und sei eschatologisches Gut. Uns die Fähigkeit zur Vollkommenheit zuzusprechen hieße, das Gnadenhandeln Gottes im Prinzip überflüssig zu machen und im Bezug auf Christus, seine Einzigartigkeit und Überlegenheit den Menschen gegenüber aufzuheben. Diese beiden Vorwürfe erhob Calvin gegen die Täufer und diffamierte ihre Lehre als Ausdruck menschlichen Hochmutes.

3.4 Der Eid: Durch die Bibel legitimiert oder nicht?

Jesu Verbot des Schwörens in der Bergpredigt (Matthäus 5,34-37) verstehen die Täufer als eine grundsätzliche Lebensregel, jegliche Eidesleistung ist bei ihnen also nicht erlaubt. Dieses radikale Verständnis führte dazu, dass ihre Anhänger

---

[20] Vgl. Balke [1985], S.193-198.

auch den Eid gegenüber der Obrigkeit verweigerten, was sogar mit dem Tode bestraft werden konnte.

Calvin hingegen vertritt die Ansicht, dass mit diesem Jesuswort kein generelles Eidesverbot gemeint sei, es stehe nämlich in einem bestimmten Zusammenhang, der berücksichtigt werden müsse: Die Stelle ordne sich ein in einen Angriff Jesu gegen die Pharisäer und ihren Missbrauch des Gesetzes. Jesus meine hier also mit seinem Verbot, dass nicht gegen das dritte Gebot, den Namen Gottes unnütz zu gebrauchen, verstoßen werden dürfe. Entgegen der täuferischen Auslegung verbiete er also nur den Missbrauch des Eides, spricht aber kein generelles Verbot aus. Da das alttestamentliche Gesetz den Eid erlaube und nur den Meineid bzw. das Schwören verbiete, wolle Jesus auch kein generelles Verbot aussprechen, denn ihm ginge es ja um die Erfüllung und nicht um die Aufhebung des Gesetzes. Auf dieser Grundlage ergibt sich für Calvin der weitere Vorwurf gegen die Täufer, dass sie mit ihrem Verständnis die Gültigkeit des alttestamentlichen Gesetzes infrage stellen würden. Weiterhin betrachtet er den Eid als eine Wohltat Gottes, da er uns erlaube, seinen Namen in bestimmten Fällen anzurufen. Davon (wie die Täufer) nicht Gebrauch zu machen hieße also, die Gnade Gottes zu verkennen. Ein Eid, der in Demut und Ehrfurcht geschieht, diene der Ehre Gottes, bei Missbrauch mache sich der Mensch allerdings schuldig. In Form von Treuegelöbnissen oder zur Wahrheitsfindung vor dem Gericht könne der Eid auch soziale Funktion übernehmen und zu einem friedlichen Zusammenleben beitragen, diene also auch der Liebe zum Nächsten. Aufgrund dieser positiven Funktionen dürfe es folglich kein generelles Eidesverbot geben, auch wenn dadurch die Gefahr des Missbrauches in Kauf genommen werden müsse.[21]

3.5 Calvins Kritik an den weltflüchtigen Tendenzen der Täufer

Ein wichtiges Kennzeichen von Täufergemeinschaften ist ihr totaler Rückzug aus dem öffentlichen Leben. Diese Weltflucht hängt mit ihrer negativen Sichtweise zusammen, nach der die gesamte Welt als böse bzw. verderblich angesehen wird, die den Menschen verunreinige und ihm daher ein Leben in der Jüngerschaft Christi verwehre. Für die Täufer ist ein Leben gemäß dem Evangelium nur in Ab-

---

[21] Vgl. Balke [1985], S.199-205.

schottung von der Welt möglich, sie fordern daher, dass die Kirche und jeder einzelne Gläubige einen radikalen Bruch mit ihr vollziehen müsse.[22]

Calvin hingegen leugnet zwar nicht eine grundsätzliche Spannung zwischen Kirche und Welt, wehrt sich aber gegen eine absolute Trennung dieser beiden. Er kritisiert die Forderung der Täufer als illegitim, da sie, seiner Ansicht nach, aus einer undifferenzierten Sichtweise resultiere. Für ihn besteht die Welt aus guten und bösen Anteilen, zwischen denen unterschieden werden muss. Der Mensch sei einerseits dazu aufgefordert, die von Gott gegebenen, guten Anteile für sich in Anspruch zu nehmen und sich andererseits von ihren bösen fernzuhalten. Die Herausforderung an ein christliches Leben bestünde daher in dem stetigen Streben nach Rechtschaffenheit und dem strikten Vermeiden von Ungerechtigkeiten, was die Beteiligung am ungerechten Handeln Anderer und Kontakt zu solchen einschließe.[23] Der Gläubige solle also nicht mit der Welt als Ganzes, sondern mit ihrer Ungerechtigkeit brechen und im Gegenzug diese durch sein gottgefälliges Handeln bereichern, schließlich seien wir „berufen zur Heiligung unseres Lebens in der Welt"[24].

3.6 Die unterschiedliche Haltung zur staatlichen Obrigkeit

Auf dieser negativen Weltsicht basiert auch die Haltung der Täufer zur staatlichen Obrigkeit. Sie sehen eine völlige Unvereinbarkeit von staatlicher Gewalt und Evangelium, was Balke folgendermaßen beschreibt: „In der täuferischen Sicht ist Obrigkeit nur um der Ordnung willen da, die in der Welt bewahrt werden muß, welche im Argen liegt. Aber nach ihrer Meinung liegt die Politik völlig außerhalb der Botschaft des Neuen Testaments."[25] Ihr Verständnis von der Welt als Herrschaftsbereich des Teufels, bei der der Obrigkeit eine ordnende Funktion zukommt, führt zu den Konsequenzen, die Legitimität von staatlicher Gewalt zu leugnen und sich generell vom politischen Leben zu distanzieren. Sie betrachten politische und richterliche Ämter als gottlos und verbieten ihren Anhängern, solche zu übernehmen.

Für Calvin ist diese Sichtweise der radikalen Trennung von Welt/ Politik bzw. einem Leben nach Gottes Willen nicht zu akzeptieren und er wirft auch hier den

---

[22] Vgl. Ebd., S.218.
[23] Vgl. Balke [1985], S.218f.
[24] Ebd., S.220.
[25] Ebd., S.205.

Täufern vor, die Zeugnisse der Heiligen Schrift nicht genau zu beachten. Er argumentiert, dass es im Alten Testament zahlreiche Beispiele für von Gott berufene Propheten gäbe, die auch ein politisches Amt inne hatten, wie z.B. Moses oder Daniel. Mit der Botschaft des Neuen Testaments würde diese Sichtweise des Zusammenwirkens von Glauben und weltlichem Leben auch nicht aufgehoben, denn sie richte sich ja an alle Menschen, also auch an solche, die ein politisches Amt inne haben. Demnach betrachtet Calvin das politische Amt als von Gott gewollt und somit heilig. Aus seiner Sicht hat die Obrigkeit vor allem die Funktion, die öffentliche Ordnung aufrecht zu erhalten, um somit überhaupt die christliche Verkündigung zu ermöglichen, und weiterhin muss sie diese erlauben und vor Anfeindungen schützen. Ein weiterer Streitpunkt mit den Täufern bezieht sich auf ihre Ansicht, dass die Obrigkeit zwar eine von Gott eingesetzte Ordnung sei, sie aber außerhalb der Vollkommenheit Christi läge und sie somit gottlos sei. Calvin kritisiert die Widersinnigkeit dieser Argumentation und betrachtet es als unlogisch, dass die Täufer alle weltlichen Berufe legitimieren würden, da sie dem Wohl der Menschen dienen, diese Funktion aber nicht im politischen Amt sähen , was sich, seiner Ansicht nach, doch im besonderen Maße um das Wohl der Menschen zu sorgen hat.

3.7 Die Lehre vom Seelenschlaf

Ein letzter Konfliktpunkt, der hier vorgestellt werden soll, betrifft die u.a. von den Täufern vertretene >>Lehre vom Seelenschlaf<<. Diese besagt, dass die Seele, die ihre Unsterblichkeit durch den Sündenfall verloren habe, zusammen mit dem physischen Tod eines Menschen sterbe oder zumindest schlafe und erst am Tage der Auferstehung wieder aufwache. Die Täufer gehen hierbei von dem hebräischen Seelenverständnis aus, „das das ganze lebendige Wesen Mensch meint"[26], während Calvin hingegen auf der Basis eines platonisch-dualistischen Verständnis von Leib und Seele argumentiert.

In seiner ersten theologischen Schrift, die „Psychopannychia" (Seelenwachheit), versucht er, diese Lehre zu widerlegen. Er stützt sich dabei auf verschiedene Schriftbelege, wobei ihm Johannes 5,24 den Haupteinwand liefert. Jesus spricht hier: „Wer mein Wort hört und glaubt dem, der mich gesandt hat, der hat das ewige Leben und kommt nicht in das Gericht, sondern er ist vom Tode zum Leben

---

[26] Balke [1985], S.243.

hindurchgedrungen." Diesbezüglich führt Calvin aus, dass es doch töricht sei zu glauben, dass dieses, dem Gläubigen verheißene, ewige Leben, durch den Tod unterbrochen werden würde. Ganz im Gegenteil, unser Glaube an den Auferstandenen könne nicht mehr durch den Tod besiegt werden, denn er stelle ein „unzerreißbares Band in der Einheit mit Christus"[27] dar.

Neben dieser christologischen Begründung der Kontinuität des ewigen Lebens, führt Calvin auch die platonische Seelenlehre an, nach der die Seele erst nach dem Tod des Körpers zu ihrer tatsächlichen Entfaltung komme und erst dann in der völligen Gemeinschaft mit Gott leben könne.[28]

---

[27] Opera Calvini 7,135, zit. nach ebd., S.245.
[28] Vgl. Balke [1985], S.242-246.

Literaturverzeichnis

Primärquelle

Calvin, Johannes

Unterricht in der christlichen Religion. Institutio Christianae Religionis, übersetzt und bearbeitet von Otto Weber, Neukirchen-Vluyn² 1963.

Hilfsmittel

Fast, Heinold:

Artikel „Täufer", in: EKL 4, Sp. 682-685.

Sekundärliteratur

Balke, Willem,

Calvin und die Täufer. Evangelium oder religiöser Humanismus?, übersetzt von Heinrich Quistorp, Minden/Westfalen 1985.

Wendel, Francois

Calvin. Ursprung und Entwicklung seiner Theologie, übersetzt von Dr. Walter Kickel, Neukirchen-Vluyn 1968.